NOUVEAU
MAGASIN
THÉATRAL.
CHOIX DE PIÈCES NOUVELLES
JOUÉES SUR LES THÉATRES DE PARIS
ET DE LA PROVINCE.

ALAIN CHARTIER,
OU
LE BAISER DE MARGUERITE,
Opéra comique en deux actes.

F. B.

Prix : 50 c.

PARIS,
RUE D'ENGHIEN, N° 10,
CH. TRESSE, SUCCESSEUR DE J.-N. BARBA, LIBRAIRE,
Au Palais-Royal, galerie de Chartres.

AVIGNON,
CLÉMENT ST-JUST, LIBRAIRE, place du Change.
1850.

ALAIN CHARTIER

OU LE

BAISER DE MARGUERITE.

ALAIN CHARTIER

ou

LE BAISER DE MARGUERITE,

OPÉRA COMIQUE EN DEUX ACTES,

Paroles de MM. Félicien de BARONCELLI et Pierre CLAVÉ,

musique de M. X...

PERSONNAGES :

S'R RAOUL, gouverneur de Vincennes, 60 ans.
SIR ARTHUR, officier du roi, 25 ans.
ALAIN CHARTIER, poète.
ISOLIER,
JEAN,   } Pages de la reine Marguerite.

PERSONNAGES :

SIFFROY, écuyer de sir Raoul.
MARGUERITE d'ECOSSE, femme de Charles VII.
ISAURE, fiancée de sir Raoul.
EDWIGE, fiancée d'Alain Chartier.
MARTHE, suivante d'Isaure.

Seigneurs de la Cour, Pages, Dames d'honneur, Soldats, Valets, etc., etc.

ACTE PREMIER.

Le Théâtre représente un salon éclairé par des lustres et richement meublé à la mode de l'époque. A droite et à gauche, portes communiquant aux appartements intérieurs du palais. Dans le fond, une galerie donnant sur des jardins illuminés avec des verres de couleur.

La scène se passe à Paris, au 15ᵐᵉ siècle, sous le règne de Charles VII, dans les appartements de la reine Marguerite.

SCÈNE PREMIÈRE.

ISOLIER, JEAN, RAOUL, VALETS. *

(*Pendant le chœur d'introduction, Isolier et Jean se tiennent à l'écart. Raoul est plongé dans ses réflexions.*)

CHOEUR DES VALETS.

Hymen, sois prospère à leurs vœux
Viens unir deux époux fidèles,
Et les rendre à jamais heureux
Que leurs cœurs soient comblés de douceurs éternelles.

RAOUL, *sortant de sa rêverie.*

Merci, mes bons amis, merci. Le moment est venu où le ciel va enfin exaucer les vœux que vous formez tous pour mon bonheur. Mais en attendant... (*il leur donne sa bourse.*) Tenez, voilà

* Les acteurs sont placés en tête de chaque scène comme ils doivent l'être sur le Théâtre; le premier inscrit tient toujours la gauche du spectateur.

toujours pour boire à ma santé et à celle de ma jolie fiancée.

(*Reprise du Chœur.*)

(*Les Valets sortent au fond.*)

SCÈNE II.

Les mêmes, moins les Valets.

Sir Raoul, *tirant un portrait de sa poche.*

Cet ange de beauté va donc enfin m'appartenir. Isaure.... que ce nom résonne bien à mon oreille..... Pourtant, j'ai peine à me défendre d'un pressentiment funeste. Elle si jeune, et moi si vieux. Elle si brillante de fraîcheur et moi... Bast! sa beauté me fera rajeunir, et les plaisirs de la cour lui feront oublier mon âge (*s'en allant.*) Allons la retrouver! (*il entre à droite.*)

SCÈNE III.

ISOLIER, JEAN, ils descendent la scène au moment où sir Raoul va sortir, et viennent se placer sur le devant du théâtre.

JEAN.

As-tu remarqué cet air de triomphe répandu sur ses traits? Ne dirait-on pas un esprit des ténèbres aux prises avec un ange du ciel?

ISOLIER.

C'est un dernier éclair de jeunesse. Mais sois tranquille, il s'est trop hâté d'espérer, car avant que l'hymen ait couronné ses vœux, il sera dans la tombe. Et puis, comment supposer que la belle Isaure, la perle des filles de Paris, consente jamais à unir sa jeune destinée à celle d'un vieillard si décrépit.

JEAN.

Les femmes sont si capricieuses, surtout quand l'ambition leur tourne la tête.

ISOLIER.

Cependant......

AIR :

Autrefois, d'une amoureuse flamme
Son cœur brûla pour un jeune guerrier,
Pour le page écossais, aujourd'hui chevalier;
D'Arthur enfin on la disait la dame.

JEAN.

Naguère, au château, chacun le répétait
Et je ne puis, ami, croire que cette belle
Aille sacrifier le page qu'elle aimait
A Raoul... et pourtant la chose est très-réelle.

ISOLIER.

S'il en est ainsi, il faut que sir Raoul aie pris des leçons de quelque enchanteur célèbre. Mais silence, le voici, Siffroy son écuyer accompagne ses pas.

(*Ils se cachent à moitié derrière une tapisserie.*)

SCÈNE IV.

Les mêmes, sir RAOUL, SIFFROY, ils entrent par le fond.

SIR RAOUL.

Siffroy, que penses-tu de mes nouveaux projets?

SIFFROY.

Je pense, monseigneur, que bientôt vous n'aurez plus rien à désirer sur la terre. Mais pourquoi cet air sombre et rêveur, quand vous allez être heureux.

SIR RAOUL.

Heureux!.... voilà bien ce qu'ils me disent tous et pourtant....

SIFFROY.

Que vous manque-t-il encore pour cela?

SIR RAOUL, *avec intention.*

Tout et rien.

SIFFROY.

Ne possédez-vous pas déjà ce que le monde estime le plus sur la terre, la fortune et les honneurs, et bientôt ?...

SIR RAOUL.

Et ne comptes-tu pour rien le rival que l'enfer me réserve ? Tu connais sir Arthur....

SIFFROY, *l'interrompant.*

Pourquoi trembler ainsi devant un ennemi si peu redoutable. Vous êtes trop puissant pour qu'il ose jamais troubler votre repos ; et puis, il est à l'armée et ne pourrait abandonner sa bannière à la veille d'une rencontre avec l'ennemi, sans s'exposer au plus terrible châtiment. Espérez plutôt que le lendemain, quand on ira compter les morts sur le champ de bataille, votre rival aura payé sa dette à la patrie... Allons, monseigneur, que votre inquiétude fasse place à l'espoir du plus heureux succès.

SIR RAOUL.

Eh bien ! tu as raison. Je ne veux plus penser qu'au bonheur qui m'attend.

AIR :

Quel sort est plus beau que le mien !
Je vais par un tendre lien
M'unir à gente demoiselle
La plus aimable, la plus belle
Que l'on puisse voir sous les cieux.
Pour Raoul quel sort glorieux !....
Comblé d'honneur et de richesse
De moi, chacun sera jaloux
Isaure auprès de la princesse
Sera l'appui de son époux.

Ensemble.

RAOUL, SIFFROY.

Ah ! cette pensée
Enivre mon/son cœur
Oui, cette journée
Fera mon/son bonheur.

SIR RAOUL.

Mais j'oublie que bientôt la fête va commencer ; *(s'en allant)* viens Siffroy, allons tout préparer pour la cérémonie. *(Ils sortent au fond.)*

SCÈNE V.

ISOLIER, JEAN, ils descendent la scène.

ISOLIER.

Eh bien, Jean ! tu viens d'entendre ?

JEAN.

Je n'y puis croire encore, et pourtant le doute n'est plus permis. Il faut agir.

ISOLIER.

Jurons de les sauver.

JEAN.

Oui ! jurons de les sauver, même au prix de notre liberté.

Ensemble.

ISOLIER, JEAN.

AIR :

Oh ! toi, qui sous les mêmes lois
Enchaînes la nature entière,
Toi, qui visites les chaumières
Tout comme le palais des rois
Amour, amour, sois-nous propice ;
Seconde, éclaire nos projets ;
Contre la ruse et l'artifice
Protège, défends tes sujets !
Brise un fatal hymen qu'aujourd'hui on prépare,
Brise des nœuds mal assortis
Et ne souffre pas qu'on sépare
Deux amans par toi réunis.

JEAN.

Mais voici la belle Isaure, ne nous éloignons pas et tâchons de surprendre ses secrets.

ISOLIER.

Nous en avons bien le droit, quand c'est pour la sauver. *(Ils se cachent derrière la tapisserie.)*

SCÈNE VI.

LES MÊMES, ISAURE, MARTHE, elles entrent par la droite.

ISAURE.

Par quels chagrins mortels je me vois poursuivie.

MARTHE.

Ce jour que vous croyez si funeste à

vos vœux, sera peut-être le plus beau de votre vie. Espérez....

ISAURE, *tristement.*

Hélas ! toute espérance m'est ravie depuis que sir Raoul....

MARTHE.

La reine Marguerite ignore encore l'éloignement que vous avez pour lui. Elle est bonne, elle ne voudra pas briser votre avenir.

ISAURE.

Sir Raoul est bien puissant.

MARTHE.

L'Amour est plus puissant que lui.

ISAURE.

Ah ! si elle savait combien cet hymen me rendrait malheureuse... Mais Arthur, pourquoi n'est-il pas à Vincennes, s'il m'aimait, il serait près de moi.

MARTHE.

Il vous aime toujours; mais le devoir et l'honneur le retiennent à l'armée.

ISAURE, *avec douleur.*

Autrefois il n'aurait pas ambitionné d'autre gloire que celle de me servir, tandis qu'à présent... je sens à ma douleur.

AIR :

Qu'Arthur ne m'aime plus ;
Il me jurait flamme éternelle,
En protestant de son amour,
Le serment n'a duré qu'un jour,
Ah ! mon Arthur est infidèle !
Je t'aimerai jusqu'au trépas,
Me disait-il avec ivresse ;
Moi, je croyais à sa tendresse
Et mon Arthur ne revient pas.

MARTHE.

Croyez-moi, il reviendra bientôt, couvert de gloire et plus amoureux que jamais.

ISAURE, *avec découragement.*

Non, je ne m'abuse plus, et, s'il faut te l'avouer, j'ai surpris un secret.

MARTHE, *vivement.*

Un secret !

ISAURE.

Oui, un secret qui m'a brisé le cœur.

MARTHE.

Quel est-il ? parlez ? et s'il est en mon pouvoir....

ISAURE.

La fiancée d'Alain, la belle Edwige, brûle pour Arthur d'une amoureuse flamme.

MARTHE, *vivement.*

Que dites-vous ?

ISAURE, *lui présentant un billet.*

Tiens, lis plutôt ce billet que le hasard a fait tomber entre mes mains.

MARTHE, *après avoir lu le billet.*

Arthur ignore encore..... ce billet en fait foi.... d'ailleurs, ne peut-il pas être aimé sans répondre à l'amour qu'il inspire ?....

ISAURE.

AIR :

Je ne m'abuse pas.
Dans une cour brillante, Arthur, sur son passage,
A de mille beautés contemplé les appas.
Son cœur brûle aujourd'hui d'une nouvelle flamme.

MARTHE.

Lui, vous trahir ! oh ! non, j'en jure sur mon âme ;
Ah ! jugez mieux d'un chevalier ;
Toujours constant, toujours fidèle,
Il offre sa gloire à sa belle,
A son prince son bouclier.
Jamais son grand cœur ne balance ;
Et, s'agit-il de combattre et d'aimer,
Il saisit le myrthe ou la lance,
Ah ! jugez mieux d'un chevalier.

ISAURE.

Tu me rassures.

MARTHE.

Allons, prenez courage,
De ces chagrins interrompez le cours.

ISAURE.

Il semble que ta voix a conjuré l'orage,
Et le calme dans moi renaît à tes discours.
Mais si pourtant Arthur conserve sa tendresse

Par quels mortels ennuis son cœur sera brisé,
S'il apprend le malheur dont il est menacé.
Ah ! pourquoi me laisse-t-il ainsi dans la détresse.

MARTHE.

Arthur vous aime trop pour vous laisser sans défense exposée aux coups de vos ennemis ; et s'il ne peut revenir lui-même pour vous protéger, il saura bien vous envoyer un défenseur capable de déjouer tous les complots de sir Raoul. N'oubliez pas que le ciel est pour vous, et le ciel n'abandonne jamais l'innocence et la vertu.

ISAURE, *jetant les yeux du côté des pages, vivement.*

Quelqu'un nous écoutait....
(*Les Pages sortent de derrière la tapisserie et viennent se placer à la droite du théâtre.*)

QUATUOR.

ISAURE, MARTHE.

Grand Dieu ! encor des indiscrets !
Retirons-nous, point d'imprudence.
Oh ! ciel ! tu connais mon/son innocence
Ne-dévoile pas mes/ses secrets.

ISOLIER, JEAN.

Des Pages prudens et discrets
Ne commettront point d'imprudence
C'est pour servir votre innocence
Qu'ils ont deviné vos secrets.

ISAURE, *aux Pages.*

Sir Raoul est près d'ici, s'il nous trouvait ensemble, nous serions tous perdus. Comptez sur ma reconnaissance. (*à Marthe*) viens, ma chère Marthe, allons prier la vierge des miséricordes de détourner l'orage qui gronde sur ma tête. (*Elles entrent à gauche.*)

SCÈNE VI.

ISOLIER, JEAN.

JEAN.

Qu'elle était belle avec ses yeux pleins de larmes.... et l'on voudrait déjà flétrir une aussi belle fleur ?

ISOLIER.

Qu'importe à sir Raoul qu'elle soit heureuse ou que son bonheur soit à jamais perdu. Ce qu'il lui faut avant tout, c'est son immense fortune, pour combler l'abîme que des prodigalités sans nombre ont fait à la sienne ; mais ne perdons point de temps ; de tout ce qui se passe, courons instruire Arthur...

JEAN.

Que dis-tu ? Avant que nous soyons auprès de lui....

ISOLIER.

Isaure et l'amour lui ont donné des ailes ?

JEAN, *vivement.*

Eh quoi.... ! il se pourrait. Arthur....

ISOLIER.

Est à Vincennes.....

JEAN, *vivement.*

Lui... Oh ! mais non... c'est impossible.

ISOLIER.

Depuis hier un message secret m'a annoncé son arrivée.

JEAN.

L'imprudent ! en voulant la sauver il ne réussira qu'à faire une victime de plus.

ISOLIER.

Sois tranquille, il connaît le danger et saura le prévenir. Mais voici la Reine, Isaure suit ses pas (*tirant un billet de sa poche*), je vais lui faire remettre ce billet de son amant. Toi, pendant ce temps, tâche de découvrir les projets de sir Raoul. Maintenant, séparons-nous pour ne pas éveiller de soupçons. A bientôt.

JEAN.

Bientôt. (*Ils sortent au fond.*)

SCÈNE VII.

ISOLIER, MARGUERITE, ALAIN, ISAURE, ces trois derniers personnages entrent ensemble par la droite, suivis des pages et des dames d'honneur de la Reine.

MARGUERITE.

Chère Isaure, c'est pour vous que je donne cette fête, vous êtes la plus belle, je veux aussi que vous soyez la plus heureuse des femmes de la cour, sir Raoul aujourd'hui fera plus d'un jaloux.

ISAURE.

Depuis longtemps vos bontés ont rempli mon cœur de reconnaissance, et croyez bien, madame, que si la reconnaissance pouvait tenir lieu de bonheur, je ne pourrais manquer d'être parfaitement heureuse....

MARGUERITE.

Eh bien ! vous le serez, car....

AIR :

J'ai fait, Isaure, un choix, qui je l'espère,
Vous assure à jamais le sort le plus prospère ;
Mais, pour jouir des biens que l'hymen vous promet,
Songez bien aux devoirs que cette chaîne impose.

Ensemble.

ISAURE.

Quelle douleur, quelle peine cruelle,
En épousant un vieux jaloux,
Il faut pourtant jurer d'être fidèle,
Quand on prend un époux.

MARGUERITE.

Point ne suffit, Isaure, d'être belle
En formant des liens si doux,
Il faut encor jurer d'être fidèle,
Quand on prend un époux.

CHŒUR :

Gente demoiselle
Si jeune, si belle,
Un sort glorieux
Va combler vos vœux ;
De cette journée
Douce et fortunée
Que votre candeur
Fasse le bonheur.

ALAIN.

L'hymen est une aimable chaîne
Lorsque l'amour unit deux cœurs,
Mais il entraîne
Mainte peine,
Mille chagrins, mille douleurs,
Quelquefois même, hélas ! le dépit et la haine,
Si les amants
Deviennent inconstants.

REPRISE DU CHŒUR :

Gente demoiselle, etc.

TRIO :

ALAIN, MARGUERITE.

O mort ! frappe-la de tes coups,
Avant qu'elle soit infidèle
A sir Raoul, à son époux.

ISAURE.

O mort ! frappe-moi de tes coups,
Avant que je sois infidèle
A mon Arthur, à mon époux.

MARGUERITE.

Vos compagnes vont bientôt se rendre en ces lieux, attendez-les ici.

ALAIN, *bas à Isaure.*

Du courage.

ISAURE, *de même.*

Tout est perdu pour moi.

ALAIN.

Le ciel est pour vous, espérez ? (*Il sort au fond avec Marguerite.*)

SCÈNE VIII.

ISAURE, seule.

AIR :

Grand Dieu ! que devenir :
M'unir à sir Raoul, plutôt cent fois mourir ;
Faut-il, hélas, trahir tout ce que j'aime !
Non, non, jamais, plutôt la mort.
Je saurai de mes maux me délivrer moi-même,
Avant que de subir mon sort.
Unir sa vie à l'homme qu'on déteste,
C'est le destin le plus affreux ;
Le trépas est moins rigoureux,
C'est le seul espoir qui me reste.

SCÈNE IX.

ISAURE, MARTHE, elle rentre à gauche.

ISAURE, *vivement.*

Eh bien ! quelle nouvelle m'apporte-tu ?

MARTHE, *avec mystère.*

Il est ici.

ISAURE, *vivement.*

Que dis-tu, lui Arthur?

MARTHE.

Il a tout abandonné pour voler à votre secours.

ISAURE, *avec intérêt.*

Oh! je tremble pour lui.

MARTHE.

Ne craignez rien, la Vierge des miséricordes a entendu votre prière.

ISAURE, *tristement.*

Puisse-tu dire vrai!

MARTHE.

Demain, vous serez libre.

ISAURE.

Demain, peut-être il sera trop tard.

MARTHE.

Demain le soleil en se levant éclairera le plus beau jour de votre vie; (*lui présentant un billet*) mais lisez ce billet.

ISAURE, *très-vivement, prenant le billet.*

Un billet de lui, c'est le ciel qui me l'envoie. O doux pressentiment, (*après avoir lu le billet.*)

MARTHE.

Je vous le disais bien.

ISAURE.

Il m'aime toujours.

ISOLIER.

Et bientôt il sera près de vous.

ISAURE.

Je ne serais donc plus seule au monde.

JEAN, *entrant.*

Vous aviez des amis qui ne vous quittaient pas, et sir Raoul....

ISAURE, *vivement.*

Oh! craignez son ressentiment.

ISOLIER, JEAN.

DUO:

Des Pages prudents et discrets
Ne commettront point d'imprudence;
C'est pour servir votre innocence
Qu'ils ont dérobé vos secrets.

ISOLIER.

Nous devons veiller sur vous, car Arthur va venir.

ISAURE.

Oh! vous me rendez à la vie. (*Les Pages sortent à gauche.*)

SCÈNE X.

MARTHE, ISAURE, *puis* ARTHUR.

MARTHE.

Il va vous presser dans ses bras.

ISAURE, *avec joie.*

Je sens à ma joie qu'il ne peut être loin.... le voici....

ARTHUR, *entrant au fond.*

Chère Isaure! (*Il la presse dans ses bras.*)

ISAURE, *avec passion.*

Ah! mon cœur ne m'avait pas trompée.

AIR:

Oh! mon Arthur,
Est-ce bien toi
Que je revoi?

DUO:

ISAURE.

N'est-ce pas, tu m'aimes encore!
Oui, tu m'as conservé ta foi.

ARTHUR.

O mon amie, ô mon Isaure,
Pouvais-tu douter de ma foi.

ISAURE, *d'un ton suppliant.*

Oh! ne me quitte plus.

ARTHUR, *avec amour.*

La mort seule pourrait t'arracher de mes bras.

ISAURE.

Sans toi je serais morte.

ARTHUR.

Tu vivras maintenant, mais il faut renoncer au monde et à ses dangereux plaisirs.

ISAURE.

Eh bien! fuyons ensemble, allons chercher le bonheur loin de Paris, de cette cour où je n'ai encore rencontré que déceptions et froides perfidies.

ARTHUR.

Pour te servir j'irais jusqu'aux enfers.

ISAURE.

Je suis proche de toi, je brave l'univers.

SCÈNE XI.

Les mêmes, SIFFROY, dans le fond.

TRIO :

ARTHUR, ISAURE.

Etre éternel, dont la puissance
Veille sur nous, du haut des cieux,
Détruis les complots odieux
Des méchants dont la loi t'offense,
Contr'eux défend notre innocence
Et daigne protéger nos vœux.

SIFFROY, *à part.*

Raoul à qui ton insolence
Prodigue des noms odieux,
Bientôt, petit audacieux,
Saura te réduire au silence;
Il ne diffère sa vengeance
Que pour la faire éclater mieux.
(Il sort au fond.)

ISAURE, *se retournant.*

Quelqu'un nous épiait.

ARTHUR.

L'écuyer de Raoul, le perfide Siffroy, partout pour me braver, ce traître suit mes pas.

ISAURE.

AIR :

Craignez, Arthur, quelque fâcheux éclat,
De Raoul vous savez tout ce qu'on peut attendre,
Contre vous il n'est rien qu'il ne veuille entre-
 [prendre.
(Parlé.) Les voici. Oh! fuyez ou vous êtes perdus.

ARTHUR, *tirant son épée.*

Bannissez vos alarmes, cet épée saura bien punir leur insolence.

ISAURE.

Ils vous tueront.

ARTHUR.

Non pas auprès de la princesse.

ISAURE.

Allez donc lui demander justice. *(Il entre à gauche, apercevant Raoul qui entre au fond.)* Ciel!

ARTHUR.

Ne craignez rien de sir Raoul, je connais les secrets, bientôt il ne pourra plus nous nuire; mais voici la belle Edwige, je vous laisse avec elle. *(Il sort.)*

ISAURE, *à part, avec découragement.*

Edwige! ah! je me sens mourir! *(Edwige et Marthe viennent se placer auprès d'Isaure dont l'agitation dénote une vive inquiétude.)*

SCÈNE XII.

ISAURE, MARTHE, EDWIGE, RAOUL, SOLDATS.

RAOUL, *aux soldats, montrant la porte par laquelle Arthur vient de sortir.*

AIR :

Voilà le téméraire,
Il faut punir sa trahison ;
Holà les gardes, qu'on le saisisse,
Bientôt une prompte justice
De ce traître fera raison :
De l'antique chevalerie
Il a bravé les saintes lois,
Sur vous il n'a plus aucun droit.

(Parlé aux soldats.) Allez vous placer

aux portes du palais, et malheur à vous si vous le laissez échapper, (*les soldats sortent au fond, à Isaure*) vous, Isaure, rendez-vous auprès de la reine, elle vous attend dans son oratoire pour vous donner ses dernières instructions.

ISAURE, *à part, avec découragement.*

C'en est donc fait.

SCÈNE XIII.

LES MÊMES.

EDWIGE, *entrant à droite.*

(*Bas à part.*) Comptez sur une amie.

ISAURE.

Hélas! qui pourrait désormais nous sauver.

EDWIGE, *avec intention.*

Moi.

ISAURE, *étonnée.*

Vous? ma rivale?

EDWIGE.

Non, son bon ange et le vôtre.

Tableau.

La Toile tombe.

FIN DU PREMIER ACTE.

ACTE SECOND.

Le Théâtre représente la salle de réception de la reine Catherine, portes à droite et à gauche, entrée au fond donnant sur des salons illuminés, meubles du temps.

SCÈNE PREMIÈRE.

Sir RAOUL, SIFFROY, ils entrent en scène par la porte du fond.

RAOUL.

Toutes les issues de ce palais sont gardées, mes soldats l'atteindront et je compte sur eux; mais voici la reine qui va rentrer dans ses appartements; en attendant la fête, viens Siffroy, allons au-devant d'elle, je veux être ce soir le premier à lui baiser la main. (*Ils se dirigent vers la porte de gauche dont les deux battants s'ouvrent pour laisser passer Marguerite et sa suite.*

SCÈNE II.

LES MÊMES, CATHERINE, ISAURE, EDWIGE, MARTHE, ALAIN, JEAN, SUITE DE LA REINE; au moment où elle met le pied sur le seuil de la porte, Raoul s'empresse de prendre sa main qu'il baise avec respect.

MARGUERITE, *traversant le théâtre et s'arrêtant un instant au milieu de la scène, à Alain.*

AIR :

Embellissez cette journée,
Alain, que vos chants les plus doux
Célébrent l'heureuse hyménée
De ces nouveaux époux.

(*à Isaure.*) Belle Isaure, venez. (*à Raoul.*) Sir Raoul, votre main, *Raoul s'empresse de lui prendre la main, ils entrent à droite.*)

SCÈNE III.

Les mêmes, moins Marguerite, Isaure et Raoul.

EDWIGE, *s'approchant d'Alain, après avoir pris sur un meuble une coupe dans laquelle elle glisse furtivement une poudre narcotique, et la lui présentant.*

Alain, buvez ceci, vos accents seront plus doux, c'est une main amie qui vous offre ce breuvage, prenez-le sans crainte.

ALAIN, *prenant la coupe des mains d'Edwige et la portant à ses lèvres.*

Je bois à la seule femme sur la terre qui puisse encore me donner le bonheur. (*Il avale le contenu de la coupe d'un seul trait.*)

EDWIGE, *à part, très-vivement.*

Ils sont sauvés? (*haut à Alain.*) Maintenant, bon Alain, chantez-nous quelques-uns de vos charmants couplets; un talent comme le vôtre ne doit jamais dormir.

ALAIN, *préludant sur son luth.*

Vos désirs sont des ordres pour moi, quels sont les morceaux de poésies que vous voulez que je vous chante.

EDWIGE.

Choisissez-les vous-même.

ALAIN.

Ecoutez-moi donc.

AIR.

Amusez-vous, profitez du bel âge,
Jeunes beautés, point de fâcheux soupirs;
Le temps passe comme un orage,
Consacrez le temps aux plaisirs.

(*Reprise du Chœur.*)

ALAIN, *continuant.*

Les moments les plus doux sont ceux de la jeunesse,
  Venez, plaisirs, venez tous,
  Et n'amenez point avec vous
    La sévère sagesse:
    Les plaisirs les plus doux
    Sont faits pour la jeunesse,
Fuyez, fuyez, ah! fuyez loin de nous.

Alain se laisse tomber sur un siége, ne pouvant plus résister au sommeil léthargique qui commence à s'emparer de lui.

(*Le Chœur répète les quatre derniers vers, sortie à droite.*)

SCENE IV.

ALAIN, endormi, EDWIGE.

EDWIGE, *à part, s'approchant d'Alain.*

Le sommeil gagne ses paupières. Arthur! Arthur! vous allez bientôt me devoir un bonheur que j'aurais été si heureux de pouvoir partager avec vous; que ma destinée s'accomplisse.

ALAIN, *se réveillant à moitié.*

Edwige, pourquoi m'avez-vous versé ce breuvage, depuis qu'il a pénétré dans mes veines, l'horison de ma vie semble avoir reculé ses limites jusqu'au de-là des bornes de l'éternité. Vous me paraissez cent fois plus belle encore (*il lui prend la main*), j'éprouve en ce moment quelque chose d'indéfinissable comme la félicité que le ciel promet aux élus, serait-ce le bonheur? je n'ose encore y croire, pourtant c'est bien vous, Edwige, qui êtes là devant moi, je vois à travers les ténèbres qui m'environnent de toute part les traits si doux, cette taille divine qui ont si souvent fait battre mon cœur d'espérance et d'amour, je sens votre main dans la mienne, vos beaux yeux sont fixés sur les miens. Oh! si je dors, ne me réveillez pas. (*Il retombe dans son assoupissement.*)

EDWIGE.

Comme il m'aime et combien il mérite d'être aimé: mais ne perdons pas une minute, le voilà endormi, mon stratagème a réussi au gré de mes désirs, allons trouver la reine et bientôt, si j'en crois mes pressentiments, j'aurai sauvé deux amants si bien faits l'un pour l'autre; quelqu'un (*s'en allant*) hâtons-nous de mettre mon projet à exécution. (*Elle entre à droite.*)

SCÈNE V.

ALAIN, endormi, ISOLIER, JEAN, ils entrent par le fond sur les derniers mots d'Edwige.

JEAN.

Eh bien ! quelle nouvelle m'apporte-tu ?

ISOLIER.

Malgré tous leurs efforts, ils n'ont pu l'arrêter, mais le danger augmente et, si la Providence ne vient pas à notre secours, je tremble qu'à la fin....

JEAN, *l'interrompant.*

Silence, j'entends la voix de Raoul, il vient sans doute annoncer à la reine le peu de succès de ses recherches; surveillons ses démarches. (*Ils vont se placer au fond à l'entrée des salons.*)

SCÈNE VI.

LES MÊMES, RAOUL, LA REINE, MARTHE, SUITE DE LA REINE. Ils entrent tous par la droite. Siffroy entre par le fond et va dire quelques mots à l'oreille de Raoul, puis ressort aussitôt par la même porte, et va se perdre dans les différents groupes qui garnissaient les salons du fond. On entend la musique de plusieurs contredanses.

RAOUL, *bas à l'oreille de la reine qu'il conduit par la main.*

Madame, sir Arthur est arrêté. (*Isaure pousse un cri de désespoir et tombe épuisée de douleur dans les bras de Marthe qui s'efforce de la faire revenir.*)

MARGUERITE, *à Raoul.*

Qu'on lui donne des juges.

ISAURE, *s'arrachant des bras de Marthe et tombant aux genoux de la reine.*

Ah ! madame, ne soyez pas sans pitié pour lui, c'est pour moi qu'il s'est rendu coupable, accordez-moi sa grâce ou je meurs à vos pieds.

MARGUERITE.

Arthur a trahi ses serments, je ne puis plus rien pour lui.

ISAURE.

Vous pouvez tout, madame, la clémence est un devoir, quand le crime est une vertu.

MARGUERITE, *étonnée.*

Que voulez-vous dire ?

ISAURE.

Je dis qu'Arthur n'est pas coupable, car son premier devoir était de me sauver.

MARGUERITE.

Votre vie était donc en danger?

ISAURE.

Demandez à Raoul, lui seul peut vous répondre.

MARGUERITE.

Eh bien ! relevez-vous (*Isaure se relève*), et si la vérité est sortie de votre bouche, Arthur n'aura plus rien à redouter pour ses jours: (*apercevant Alain*) mais que vois-je ! un poète endormi au milieu d'une fête, c'est piquant ; sans doute que sa belle âme oublie pour un instant dans le feu de la composition le vilain visage que l'ingrate nature lui a départi en naissant. Eh bien ! (*s'avançant d'Alain*) je veux que son illusion se change aujourd'hui en une douce réalité. (*Elle embrasse Alain sur la bouche, Alain fait un léger mouvement sans se réveiller; tout le monde demeure étonné de cet insigne honneur de la reine qui se retourne et dit*): ce n'est pas seulement l'homme que j'ai baisé, mais la bouche de laquelle sont issus et sortis tant de bons mots et vertueuses paroles. (*A Raoul.*) Raoul, faites cesser la danse, (*Raoul va au fond, la musique cesse, il revient aussitôt se replacer auprès de Marguerite.*)

AIR :

Ah ! comme il dort profondément,
Eloignez-vous, faites silence,
Retirez-vous bien doucement.

CHOEUR.

Point de bruit, sortons en silence,
Retirons-nous bien doucement.

(*Ils vont pour sortir au fond.*)

ISOLIER ET JEAN.

Ensemble.

Cette faveur de la princesse
Lui dispense un bien doux sommeil,
Car, pour un bonheur pareil,
Qui ne voudrait dormir sans cesse?

(*Tout le monde se retire avec précaution, mais au moment où Isaure se dispose à suivre la reine, Edwige la retient par le bras.*)

EDWIGE, *bas à Isaure.*

Restez. (*Sortie.*)

SCÈNE VII.

ALAIN, endormi, EDWIGE, ISAURE.

EDWIGE.

AIR :

Ne vous éloignez pas, demeurez, belle Isaure,
Le bon Alain est puissant en ces lieux,
Mais il ne peut aider un amour qu'il ignore,
Ouvrez-lui votre cœur, Alain est généreux;
Et, si pour lui il s'intéresse,
Tous vos désirs sont comblés désormais;
Courage, hâtez-vous, le temps presse.

(*Parlé.*) Tenez, Isaure, voilà ses yeux qui s'ouvrent à la lumière, approchez-vous de lui, je vous seconderai.

ISAURE, *s'approchant.*

Alain !

ALAIN, *fesant un léger mouvement.*

Quels sons ont frappé mon oreille, (*ouvrant les yeux*) Edwige et vous Isaure près de moi. Oh! c'est plus de bonheur que je n'en méritais.

ISAURE, *d'un ton suppliant.*

Oh! bon Alain, voyez mes larmes.

ALAIN.

AIR :

En croirai-je mes yeux,
Ah! je doute encore si je veille,
Non, c'est bien elle que je voi,
Isaure, auprès d'Alain, quel sujet vous amène;
Dites-moi quelle est votre peine,
D'Alain n'ayez aucun effroi.

ISAURE, *montrant Edwige.*

Depuis que le ciel m'a envoyé cet ange pour me guider, et vous pour me sauver, je sens que mon cœur renaît à l'espérance.

ALAIN.

Eh bien ! parlez; dites, que puis-je faire pour vous servir, et s'il est en mon pouvoir......

ISAURE.

On m'enchaîne à Raoul quand un autre que lui....

ALAIN, *vivement.*

Quoi ! vous aimiez ailleurs ?

ISAURE.

J'ai trahi mon secret, disposez de ma vie.

ALAIN.

Ah ! je tremble pour vous, fiancée à sir Raoul; désormais votre avenir lui appartient tout entier.

ISAURE.

Il n'appartient qu'à Dieu de disposer du seul bien qui me reste.

EDWIGE, *à Alain.*

Oh ! par pitié ne l'abandonnez pas.

ALAIN.

Je serais trop heureux de pouvoir la servir, mais que puis-je, hélas, contre un homme aussi puissant que sir Raoul.

EDWIGE.

Tout vous est possible auprès de la reine.

ALAIN.

Si j'avais, comme vous, le don d'enchantement.

EDWIGE.

L'enchanteur n'est pas moi, un autre a pris ce rôle.

ALAIN.

Expliquez-vous.

EDWIGE.

Quand vous dormiez devant toute la cour, un baiser......

ALAIN, *avec transport.*

Quoi! ce n'était point un songe.

ISAURE, *tombant aux genoux d'Alain.*

Prenez pitié de ma douleur, voyez mes larmes.

ALAIN, *la relevant.*

Vous à mes pieds, Isaure? ah! relevez-vous, car cette posture n'appartient qu'aux coupables et vous ne l'êtes plus, mais Arthur?....

EDWIGE.

Raoul a contre lui dirigé tous ses coups; arrêté, jugé, condamné, dans une heure peut-être, il ne sera plus temps de le sauver.

ALAIN.

AIR:

Pauvres enfants, amante infortunée,
Mon devoir est de vous servir,
Rien ne saurait vous désunir.
(A Isaure.)
La reine est si bonne, Isaure, elle vous aime,
Que ne lui disiez-vous vous-même,
Et vos soucis et vos regrets.

(Parlé.) Mais la voici, il est bon qu'elle ignore que je vous ai parlé pour vous servir, *(regardant Edwige)* et pour mériter d'être heureux j'oserais tout aujourd'hui. *(Embrassant la main d'Edwige qu'elle lui abandonne.)* Le bonheur est un si puissant auxiliaire.

SCÈNE VIII.

LES MÊMES, MARGUERITE, MARTHE, SUITE DE LA REINE. Ils entrent par le fond.

ALAIN, *allant au devant de la reine et s'inclinant devant elle.*

Ah! madame, vous me voyez confus?...

MARGUERITE.

Sans doute que vous avez voulu savoir si le temple de l'illusion aurait pour vous plus de charmes que celui de la réalité.

ALAIN.

Quand la réalité se joint à l'illusion, n'est-ce pas alors le bonheur suprême; mais pardonnez-moi, madame, un instant d'oubli qu'il n'était pas en mon pouvoir d'éviter, *(montrant Edwige).* Voilà le vrai coupable, il n'y a plus qu'elle ici qui mérite ce nom, absolvez-la, de grâce, et bientôt il n'y aura plus autour de vous que des heureux.

MARGUERITE.

Eh bien! je vous pardonne, mais à une condition.

ALAIN.

D'avance je me soumets à toutes.

MARGUERITE, *s'asseyant sur un fauteuil gothique que lui apporte un page.*

Chantez-nous donc une de ces jolies romances que vous composâtes jadis pour charmer mes loisirs.

ALAIN.

Aujourd'hui je me sens inspiré, permettez-moi de puiser dans mon cœur les accens que ma bouche va vous faire entendre, ils seront plus persuasifs, car je désire cette fois que la nature en fasse tous les frais.

MARGUERITE.

Eh bien! commencez et d'avance comptez sur ma reconnaissance.

ALAIN.

ROMANCE.

Premier Couplet.
Preux chevalier et gente damoiselle
S'aimaient d'amour et disaient tristement :
Pourquoi faut-il qu'une loi si cruelle
Loin de sa belle exile un tendre amant.
Cent fois mourir avant d'être infidèle,
Cent fois mourir avant de l'oublier ;
Plaignez, plaignez la pauvre damoiselle
Plaignez, plaignez le pauvre chevalier.

Deuxième Couplet.
Méchant rival pour noire perfidie,
Le chevalier fait partie de la cour,
Il croit ainsi lui ravir son amie
Qui loin de lui soupire son amour :
Belle Vénus pour lui sois moins cruelle,
Entends, entends ma voix te supplier ;
Ah! viens en aide à pauvre damoiselle
Et prends pitié du pauvre chevalier.

Troisième Couplet.
Mais nos amants près de noble princesse
Osent enfin avouer leurs tourments,
Point n'est amour dangereuse faiblesse,
Quand l'honneur seul a dicté ses sermens.

Or, la princesse, aussi bonne que belle
Sans nul courroux se voyant supplier,
Rend le bonheur à gente damoiselle
Et son amie au pauvre chevalier.

MARGUERITE, *se levant, à Alain.*

Alain, les accens que vous venez de me faire entendre ont pénétré jusqu'au fond de mon cœur, il y a dans vos paroles un mystère que je veux à tout prix découvrir. Parlez sans crainte, et si sans le vouloir j'ai troublé le bonheur de quelque noble damoiselle, croyez que je serai heureuse si je puis encore lui rendre le repos que je lui ai ravi.....

SCÈNE IX.

LES MÊMES, RAOUL, SIFFROY. Ils entrent par le fond, sur les derniers mots de Marguerite.

RAOUL, *venant se placer à la droite de Marguerite.*

Madame, l'arrêt est prononcé, les juges ont condamné Arthur à la peine de mort *(Isaure pousse une exclamation et tombe évanouie sur un fauteuil placé auprès d'elle, Marthe s'empresse de la secourir)* comme atteint et convaincu d'avoir abandonné son drapeau en présence de l'ennemi.... *(Présentant un parchemin à Marguerite.)* Voilà l'arrêt du conseil de guerre, il n'y manque plus que votre signature pour que le condamné soit conduit au supplice.

MARGUERITE, *rendant le parchemin à Raoul.*

C'est bien, qu'on amène sir Arthur, je veux le voir avant de disposer de son sort. Allez.... *(Raoul va parler à un officier des gardes qui l'a accompagné jusque sur la porte du fond. Cet officier sort après avoir pris les ordres de Raoul, qui revient prendre sa place auprès de la reine.)* Maintenant, bon Alain, le nom de la pauvre damoiselle ?

ALAIN, *hésitant.*

Ah ! madame.....

RAOUL, *bas à Alain.*

Pas un mot, ou craignez ma colère.

MARGUERITE.

Eh bien ! je vous écoute.

ALAIN.

Madame, sir Raoul saura mieux vous instruire, il connaît comme moi l'amant et le rival.

MARGUERITE, *à Raoul.*

Vous l'entendez sir Raoul.

RAOUL.

Je n'ose devant vous réprimer tant d'audace.

MARGUERITE.

Sir Raoul, d'Alain je suis la protectrice, je vous engage à ne plus l'oublier. *(A Alain.)* Alain, j'attends ce nom.....

ISAURE, *qui est revenue à elle, se lève et tombe aux genoux de Marguerite.*

Vous me voyez à vos genoux.

MARGUERITE, *étonnée.*

Eh quoi ! Isaure, c'était vous.

ISAURE, *montrant Arthur.*

J'ai juré de lui être fidèle, il a reçu mes sermens.

RAOUL.

Il a trahi les siens en bravant les lois de la chevalerie.

SCENE X.

LES MÊMES, ARTHUR, INVITÉS, SOLDATS.

ARTHUR, *entrant au fond, sur les derniers mots d'Isaure, un drapeau à la main, Isaure, aussitôt qu'elle l'aperçoit, se lève et va se jeter dans ses bras.*

J'ai sauvé mon honneur en prenant ce drapeau, le sang que vous voyez, je l'ai versé pour l'honneur de la France. *(A Raoul.)* Sir Raoul, je n'accepte pas la flétrissure que vous avez voulu imprimer sur mon front, je m'en rapporte au jugement de Dieu, (*ôtant un de ses gants et le jetant aux pieds de Raoul*), voilà mon gant.

RAOUL.

C'en est trop, à la fin, (*aux soldats*) qu'on le traîne en prison, (*les soldats s'apprêtent à exécuter l'ordre que vient de leur donner Raoul.*)

MARGUERITE, *leur ordonnant d'un geste de se retirer.*

Arrêtez! je ne souffrirai pas qu'en ma présence on outrage plus longtemps un noble chevalier dont le seul crime est d'avoir trop aimé. Qu'Arthur soit libre, (*à Isaure*) Isaure, reprenez votre bien. (*Arthur presse Isaure dans ses bras.*)

RAOUL, *à part, montrant Arthur.*

Je punirai ce traître.

MARGUERITE, *à Raoul.*

Et vous sir Raoul, vous acceptiez sa main, saviez son amour; éloignez-vous à l'instant de ma cour; je vous défends d'y jamais reparaître. Arthur, vous le remplacerez.

RAOUL, *sortant au fond avec Siffroy.*

Oh! je me vengerai. (*Ils sortent.*)

SCÈNE XI ET DERNIÈRE.

LES MÊMES, MOINS RAOUL ET SIFFROY.

MARGUERITE, *à Alain, lui présentant Edwige.*

Vous, bon Alain, je vous avais promis une récompense, la voilà.

ALAIN, *baisant avec transport la main d'Edwige qu'elle lui abandonne.*

Si c'est encore un rêve, Edwige; Oh! par pitié, faites qu'il dure cette fois autant que mon amour pour vous.

MARGUERITE.

J'espère que mon baiser vous portera bonheur à tous, il est si doux de faire des heureux.

AIR :

[complisse,
Je veux qu'un double hymen sur le champ s'ac-
Recommencez vos jeux, que l'on se réjouisse
Et qu'aujourd'hui toute la cour
Célèbre et l'hymen et l'amour.

CHOEUR FINAL :

A la ville, à la cour, comme aux champs, on sou-
Sur tous les cœurs l'amour étend ses droits, [pire,
Tous ici-bas nous formons son empire,
Grands et petits, peuples et rois.

Tableau.

Le Rideau tombe.

FIN DE LA PIÉCE.

Avignon. — Typographie de THÉODORE FISCHER AÎNÉ, rue des Ortolans, 4.

DU MÊME AUTEUR.

RÉPERTOIRE
DU NOUVEAU MAGASIN THÉATRAL.

L'Astrologue et la Reine Jeanne, drame en 5 actes. . . . . . 75 c.
Hassan, drame en 3 actes. 75
Un Dévouement, comédie-vaudeville en 2 actes. 50
Un Mariage pour rire, folie-vaudeville en 1 acte. 50
Eric XIV, roi de Suède, drame en 3 actes. 75
Lucie, drame en 3 actes. 75
Le Fonctionnaire socialiste, folie-vaud. en 1 acte et 2 tableaux. 75

La Châtelaine de Montlhéri, comédie-vaudeville en 2 actes. . 75
Angéla et Amélie, drame en 5 actes. 75
La Fiancée de Florence, comédie en 3 actes. 75
Le Magnétisme en Chine, folie-vaudeville en 3 actes. 75
Catherine de Médicis ou les Deux Orphelins, drame en 3 actes. 75
Alfieri, drame en 3 actes et 4 tableaux. 75
Un Grain de Beauté, folie-vaudeville en 1 acte. 75

Avignon. Typ. T. Fischer aîné.

www.ingramcontent.com/pod-product-compliance
Lightning Source LLC
Chambersburg PA
CBHW061520040426
42450CB00008B/1710